PRAXISTIPPS
von Vincent Kluwe-Yorck

Ein Buch der Zeitschrift Blinker

BAND 7

RÄUCHERN KOCHEN & BRATEN

KOSMOS

Mit herzlichem Dank an Eberhard Kablitz für wertvolle Tipps und Anregungen, an Doris Ebert für die liebevolle Zubereitung aller Rezepte, an Dietmar Rogacki für die Großzügigkeit, seine Küche und alle Zutaten zur Verfügung zu stellen und an Dietmar Krohnen für die geduldige Demonstration aller Arbeiten der Fischvorbereitung, des Grillens und des Räucherns.

Unser gesamtes lieferbares Programm und viele weitere Informationen zu unseren Büchern, Spielen, Experimentierkästen, DVDs, Autoren und Aktivitäten finden Sie unter **kosmos.de**

Texte, Fotos, Zeichnungen, Titelgestaltung und Layout:
Vincent Kluwe-Yorck, Berlin
Redaktion: Karl Koch
Produktion: Ralf Pauke
Printed in The Czech Republic /
Imprimé en République Tchèque

Bereits vor 10.000 Jahren hatten die Menschen beim Fischfang einen bemerkenswerten Entwicklungsstand erreicht.

Zu allen Zeiten war der Fisch ein Hauptbestandteil der Ernährung, ohne den sich die Menschheit wohl niemals bis zum heutigen Niveau hätte entwickeln können.

Auf ägyptischen Malereien sehen wir Fangtechniken, wie sie heute noch ausgeübt werden. Die für uns Angler erstaunlichste Darstellung zeigt einen Ägypter mit Angelrute und einem kolossalen Fisch an der Leine! Vor 4.000 Jahren!

Schon Jahrhunderte vor Christus bot das Fischen mit künstlichen Fliegen und anderen Kunstködern, mit feinseidenen Schnüren und Haken aus Metall den gehobenen Ständen Freude und Entspannung, wie wir es aus altchinesischen Darstellungen kennen.

Der Grundstein des Sportfischens, das nicht der Ernährung oder gewerblichen Zwecken diente, sondern der reinen Erbauung, war neben der Berufsfischerei bereits vor über 2.000 Jahren gelegt!

Der Begriff „Sport" geht übrigens auf das englische „disport" für „sich zerstreuen, sich vergnügen" zurück. Und dies wiederum auf das altfranzösische „desporter" und eine Spezialbedeutung des altlateinischen „deportare".

Damit dürfte die Bezeichnung „Sportfischerei" für unser Tun als Unterscheidung zur Berufsfischerei völlig legitimiert sein, um dem alten Vorwurf einiger Nichtangler zu begegnen!

Was liegt näher, als nach dem Angeln über die leckere Zubereitung der Beute in der heimischen Küche zu sinnieren? Viele tausend Jahre haben die Menschen ihren Erfindungs-

reichtum und ihre technischen Möglichkeiten eingesetzt, um die Fische auf jede denkbare Art in einen kulinarischen Genuss zu verwandeln.

Dieses Buch widmet sich in erster Linie der Technik des Räucherns, indem es die wesentlichen Grundlagen vermittelt. Es bietet aber auch einige kleine Beispiele der wichtigsten Techniken der Fischküche in typischen Beispielen.

Die Rezepte zeigen, wie jeder Angler zu Hause mit leicht erhältlichen Hilfsmitteln und Zutaten seine Angelbeute einfach und schnell zubereiten kann. Bon appetit!

oben: Eine ägyptische Darstellung verschiedener Fischfangtechniken. Interessant der Angler mit Rute und Leine und die Größe des Fisches, der damit erbeutet wird!
unten: Der mittelalterliche Angler im schönen Gewand fischt bereits mit Floß auf der Schnur!

So schön der Winter ist – frische Lebensmittel werden im Herbst langsam knapp! Kühlung macht Lebensmittel für längere Zeit haltbar – auf Eis gelegt für einige Tage, tiefgekühlt sogar für Monate.

Die Konservierung der Fische war für die Menschen von großer Bedeutung: Der Winter mit seinem eingeschränkten Angebot an frischer Nahrung ließ sich nur mit haltbaren Lebensmitteln überstehen.

Auch die Seefahrt mit den langsamen Schiffen war früher nur mit Lebensmitteln möglich, die längere Zeit lagern konnten.

Schon sehr früh kannte der Mensch das Verfahren, die Lagerfähigkeit der Fische durch

Für viele Angler ist frisch geräucherter Fisch eine Delikatesse: Sie kommen gar nicht auf den Gedanken, man könnte ihn anders zubereiten.

Salzen und Dörren zu erhöhen: durch den Entzug des Wassers und durch Behandlung mit Wärme.

Später erfand man die Technik des Kalträucherns, mit der man ebenfalls die Haltbarkeit der Fische verbessern konnte.

Zwei Erfindungen haben diese Notwendigkeit beseitigt: das Flugzeug, das zu allen Jahreszeiten frische Gaben der Natur heranschafft, und die Tiefkühltruhe, in der wir Lebensmittel für die Dauer eines Winters ohne nennenswerten Qualitätsverlust aufbewahren.

Das Räuchern nutzen wir heute nur noch als Geschmacksverbesserung und Veredelung, die dem rohen Fisch eine besondere kulinarische Note abgewinnt und ihn in eine beliebte Delikatesse verwandelt.

Frisch gefangen – frisch geräuchert: eine Delikatesse!

Entwicklung:

Traditionell hat das Räuchern von Fischen nahe der Küsten die größere Verbreitung. Aber mittlerweile nimmt es auch im Binnenland immer stärker an Bedeutung zu.

Besonders beliebt sind Süßwasserfische wie Aal, Äsche, Barsch, Brassen, Forelle, Hecht, Karpfen, Lachs, Renken, Saibling, Schleie, Waller und Zander, die die Angler entweder selbst im Heimgerät räuchern oder in einer Räucherei professionell verarbeiten lassen.

Die Klassiker unter den heimischen Meeresfischen sind der Hering, Dornhai, Makrele, Rotbarsch und Meerforelle, die Sprotte und Plattfische wie Heilbutt, Scholle und Flunder. Im Allgemeinen werden die fettreicheren Fische bevorzugt. Sie sind delikater und nicht so trocken wie fettarme Arten.

Zwei Räucherverfahren werden angewandt: das ältere Kalträuchern und das moderne Heißräuchern mit den Heimgeräten oder den professionellen Öfen, wie es auf den folgenden Seiten beschrieben wird.

Nur wenige Fische werden heute noch kalt geräuchert, und dann meist gewerblich: die verschiedenen Salmoniden, Heilbutt, Makrele und Hering. Aber auch diese Fische können zu Hause von den Anglern heiß geräuchert werden.

Kalträucherung:

Das kalte Räuchern fordert aufwendige Techniken und relativ viel Zeit. Vorbereitung: Größere Fische werden zu zwei Filethälften verarbeitet, kleine Arten können im Ganzen geräuchert werden.

Die Fische in eine Lauge aus Salz und Zucker geben oder mit einer Mischung im Verhältnis 2 : 1 aus grobem Meersalz und Zucker bestreuen und

Professionelle Räucherware, wie wir sie überall im Handel finden

je nach Dicke des Fleisches für 12 bis 24 Stunden kühl aufbewahren.

Danach gut abspülen, um das Salz zu entfernen. Das Fleisch gut trocknen lassen und in der Räucherkammer aufhängen. Vor Ungeziefer schützen! Die Rauchtemperatur darf 25 Grad Celsius nicht übersteigen.

Dann das Räuchergut je nach Größe zwischen 6 und 90 Stunden räuchern.

Die Größe der Holzscheite sollte zum Ofen passen!

Das Standardholz für den Räucherofen ist die geschmacksneutrale Buche.

Teerfreie Laubhölzer wie Erle, Akazie, Ahorn, Eiche oder auch Obstgehölz wie Kirsche, Apfel und Birne variieren durch unterschiedliches und teils kräftiges Aroma den Geschmack, werden aber sparsam eingesetzt. Ebenso Kastanie, Pappel, Esche und Weide.

Wichtig ist geringer Teergehalt: Birke sollte gemieden werden!

Jedes Holz gibt seine spezielle Duftnote an das Räuchergut ab und man wählt es nach persönlichem Geschmack.

Tropische Hölzer färben den Fisch kräftig mit einem appetitlichen Farbton.

Da jedes Holz dem Fisch sein typisches Aroma verleiht, ist es ratsam, mit der neutralen Buche zu beginnen und dann andere Hölzer zur Probe dazuzugeben, bis man den richtigen Geschmack getroffen hat!

Das Holz muss im Naturzustand sein, also völlig unbehandelt. Und es muss so trocken sein, dass es brennt. Mit etwas Restfeuchte darf es qualmen, da wir den Fisch ja räuchern wollen.

Spezielle Würzhölzer werden zur Verbesserung und Intensivierung des Aromas beigegeben (siehe Seiten 16 bis 17).

Wir verwenden klein gemachtes Holz wie Ästchen oder Miniaturscheite. Auf dem eigenen Grundstück lässt sich im Herbst, wenn viel trockenes Holz auf natürliche Weise anfällt, an geschützter Stelle ein kleiner Vorrat lagern, der für eine ganze Saison reicht.

Die Scheite werden nur in den größeren Räucherkästen und Tonnen mit externer Feuerstelle verfeuert. Da Tischgeräte keine Feuerstelle besitzen, sondern mit einem Brenner betrieben werden, lassen sich hier keine Scheite einsetzen!

Mit dem Verbrennen der Scheite wird die nötige Hitze erzeugt, um den Ofen auf 100 Grad Betriebstemperatur zu bringen und das Fleisch zu garen. Ist es gar (Flossenprobe), werden Hackspäne auf die Glut gelegt, um den Rauch zu erzeugen. Die Temperatur im Ofen muss jetzt auf etwa 60 Grad absinken.

Die Glut darf nicht wieder aufflammen, denn es soll rauchen – nicht brennen!

Die passende Gewürzmischung rundet das Ergebnis ab.

Verschiedene Mehlsorten geben ganz unterschiedliche Aromen ab.

Wegen ihrer Neutralität dominiert auch bei den feinen Räuchermehlen die Buche.

Weitere Standardmehle stammen von Erle und Eiche oder werden als fertige Allround-Mischung vertrieben.

Das Mehl muss völlig trocken sein. Bei der Lagerung darf es nicht durch Feuchtigkeit muffig oder schimmelig werden!

Jede Holzsorte beeinflusst das Aroma. Räuchern ist wie das Kochen sehr vom persönlichen Geschmack abhängig.

Wir beginnen deshalb mit einem Standardmehl und experimentieren dann später mit anderen Hölzern.

Die meisten Angelhändler und Räuchereien bieten Auswahlen fertiger Mehle portionsgerecht abgepackt an. Wichtig ist, sich jeden Versuch zu notieren, damit sich ein überzeugendes Ergebnis später wieder herstellen lässt.

Tipp: Zu Beginn empfiehlt es sich, nur einen Probefisch zu räuchern – nicht gleich den ganzen Fang auf einmal. Erst wenn das Ergebnis zufriedenstellt, sollte man nach der gleichen Methode auch die anderen Fische räuchern!

In Tischgeräten werden nur Mehle eingesetzt. Es darf nie direkt mit Feuer oder Glut in Verbindung geraten, da es wegen seiner feinpulvrigen Struktur verbrennt.

Bei Räucherkästen wird das Mehl auf dem Bodenblech verteilt, wo es nach und nach unter Rauchentwicklung verglimmt. Große Räucherkästen haben ein Extrafach für Mehl. Das Mehl wird auf das hierzu vorgesehene Blech gegeben, wo es vor der Glut geschützt ist.

Grobe Hackspäne werden generell bei allen Öfen nicht auf das Blech gelegt, sondern nach dem Abbrennen des Holzes direkt auf die Glut, wo sie rauchend verglimmen.

Mehle und Späne werden von fein über mittelgrob bis grob angeboten.

Zur Verbesserung des Aromas werden so genannte Würzhölzer bzw. Mehle aus verschiedenen Holzsorten verbrannt. Zum Beispiel sorgen bestimmte exotische Hölzer für einen schönen Bronzeton, die allerdings nur in gewerblichen Räuchereien verwendet werden. Sie sind etwas schwierig zu bekommen – hier hilft persönlicher Kontakt zu einer Räucherei. Und es gibt einige Spezialhandlungen, die auch seltene Holzarten liefern. Aber es

Firmen wie Kahler-Gewürze in Berlin-Tempelhof, Germaniastr. 29 bieten ein großes Sortiment an Räuchermitteln und Gewürzen. Neben den Edelhölzern in ihren Spezialmischungen liefern sie auch Sandelholz und Wacholder.

müssen nicht exotische Hölzer sein. Unsere heimischen Bäume, wie sie bereits aufgezählt wurden, liefern ausreichende Abwechselung im Geschmack, und abgefallene Zweige lassen sich in jedem Garten, Park oder Wäldchen kostenlos aufsammeln!

Wenn wir z.B. Buche als Standardholz gewählt haben, legen wir noch einige Zweige, Späne oder Scheite unseres Würzholzes dazu und lassen es herunterbrennen. Wir legen beispielsweise in der Endphase des Abbrennens einige Stücke Wacholderholz mitsamt der Beeren ins Feuer.

Auch Beschnittholz von Rebstöcken, wie es in Weinbaugebieten in Mengen anfällt, gibt ein feines Aroma. Nicht zu trockene Tannenreiser werden immer wieder kurz über die Glut gehalten, bis es aromatisch qualmt: ein Geheimtip für das saftige Fleisch der Maräne! Tanne ist sehr geruchsintensiv, wie man es von Weihnachten kennt, und eignet sich daher nicht für jeden Fisch. Auch hier heißt es wieder, vorsichtig zu experimentieren!

Auch verschiedene Mehle sollten getestet werden. Es wird Mehl der unterschiedlichsten Hölzer angeboten und auch fertige Mischungen, bei deren Zusammenstellung die Erfahrung eines Händlers die Hand geführt hat.

Auch Tannennadelduft kann den Geschmack veredeln, eignet sich allerdings nicht für alle Fischarten.

Vorsichtig den Fisch öffnen, ohne die Eingeweide zu verletzen

Die beste Voraussetzung für gutes Räuchern sind fangfrische Fische! Fischfleisch verdirbt schnell und darf daher nicht lange unbehandelt lagern. Es sollte nach dem Fang schnellstens versorgt werden. Zum Räuchern müssen die Fische nicht unbedingt entschuppt werden, da vor dem Verzehr ohnehin die Haut im Ganzen abgelöst wird.

Um die Fische vom Schleim zu befreien, kann man sie gründlich mit Salz oder noch effektiver mit Soda abreiben. Gerade für spezialisierte Aalangler ist es empfehlenswert, sich einen Vorrat an Soda zu besorgen.

Vorbereitung:

Nach dem Betäuben den Fisch mit einem Herzstich töten und gründlich ausbluten lassen.

Mit dem scharfen Messer oder einer kräftigen Allzweckschere den Bauch des Fisches vorsichtig von der Kehle bis zum Weidloch öffnen, ohne dabei die Eingeweide zu verletzen.

Bei Aalen muss der Schnitt 3 cm in Richtung Schwanzende weitergeführt werden.

Durch die geöffnete Bauch-
decke alle Eingeweide mit einem Löffel sorgfältig entfernen – besonders die Niere, die
als langer, dunkler Faden unter
der Wirbelsäule liegt. Bei Aalen liegt der „Nierenpfropf",
der ebenfalls entfernt werden
muss, hinter dem Weidloch.
Alle Blut führenden Organe
müssen entfernt werden. Das
bedeutet, auch die Kiemenbö-
gen werden herausgeschnitten.
Bei Aalen ist das schwierig, da
die Kiemen sehr klein sind.
Manche Angler schneiden deshalb den Kopf im Ganzen hinter den Kiemen ab.

Innereien mit dem Löffel entfernen

Nach dem Ausnehmen wer-
den die Fische gründlich unter
fließendem Wasser ausgespült.
Dabei sollte man darauf ach-
ten, auch die letzten Reste der
Niere zu entfernen.

*Blut führende Organe wie die Kie-
menbögen sorgfältig entfernen*

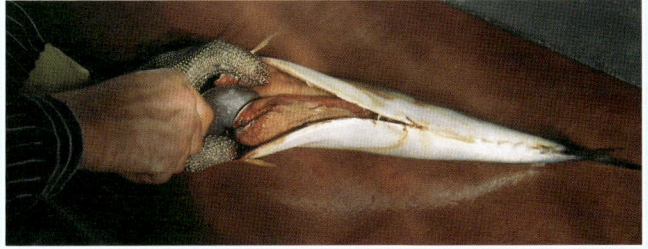

Beim Filetieren wird das gut geschärfte Messer hinter den Kiemen angesetzt und vorsichtig an der Wirbelsäule entlang nach hinten geführt.

Fische werden möglichst im Ganzen, also unzerteilt, geräuchert. Wenn der Räucherofen zu klein ist, um den unzerteilten Fisch aufzunehmen, oder wenn das Fleisch zu dick ist, um völlig durchzuräuchern, wird der Fisch zerlegt.

Angler besitzen oft nur ein kleines Tischgerät, dessen geringes Format allerdings völlig ausreicht, um ihren Haushalt zu versorgen. Z.B. kann es schon genügen, den Kopf zu entfernen, damit der Fisch in den Ofen passt. Große Fische werden geteilt, indem man sie filetiert oder in mehrere Koteletts zerschneidet. So wird das Räuchergut schlank genug, um vom Rauch durchdrungen zu werden. Zum Kotelettieren eignen sich nur Fische mit stärkerem Körperumfang und einer entsprechenden Menge Fleisch auf den Rippen.

Durch die flache Bauweise der Tischgeräte werden Filets und Koteletts auf einem Rost liegend geräuchert, so dass auf-

wändiges Aufhängen entfällt. Es sollten für einen Rauchgang nur Stücke gleicher Größe aufgelegt werden, damit sie alle gleichzeitig durchgeräuchert sind und aus dem Ofen genommen werden können.

Feine Lachsscheiben immer mit der Faser schneiden. Kotelettieren: Den Fisch quer in gleich starke Scheiben schneiden. Der Fisch kann vorher längs geteilt werden.

Die Fische werden in einer Wanne nebeneinander gelegt und gleichmäßig mit einer Schicht grobem Salz bedeckt.

Bevor wir den Fisch räuchern, wird er gesalzen, damit das salzarme Fleisch den richtigen Geschmack bekommt.

Wir können ihn trocken oder nass in Salzlake salzen.

Vorteil des trockenen Salzens: Es geht schnell und erfordert nur geringen Aufwand. Der Nachteil ist die ungleichmäßigere Verteilung des Salzes.

Feines Speisesalz eignet sich nicht zum trockenen Salzen. Durch die Feinkörnigkeit löst es sich zu schnell auf, zieht dadurch sehr viel Feuchtigkeit und der Fisch wird zu salzig. Gut geeignet sind Steinsalz und grobes Meersalz oder eine vorgewürzte Räuchermischung. Um es zu veredeln, können wir das Salz im Verhältnis 2 : 1 mit braunem, grobem Rohrzucker mischen.

Unsere Lieblingsgewürze, wie z.B. Thymian, Knoblauch, Paprika, Zwiebeln, Dill, Salbei und Basilikum, können wir jetzt im Innern des Fisches verteilen. Hier haben sie direkten Kontakt mit dem Fleisch und durchdringen es mit ihrem Aroma. Für den Anfänger empfiehlt es sich, zunächst sparsam zu salzen – nachsalzen lässt sich der Fisch noch an der Tafel!

Der Fisch wird innen und außen dünn mit einer Salzschicht bedeckt und in eine flache Wanne aus Kunststoff oder emailliertem Metall gelegt.

Die Wanne sollte so groß sein, dass die Fische nicht zu gedrängt liegen und von allen Seiten das Salz einwirken kann.

Werden mehrere Fische gleichzeitig behandelt, werden sie nebeneinander gelegt – z.B. in der Badewanne. Jetzt lassen wir das Salz je nach Stärke des Fleisches 60 bis 90 Minuten einwirken – je dicker, desto länger.

Ein spezielles Filetiermesser hilft mit seiner biegsamen Klinge bei der genauen Schnittführung. Es sollte vor jedem Einsatz gründlich geschärft werden.

Dann wird der Fisch unter laufendem Wasser abgespült, um das Salz zu entfernen. Nach dem Spülen sorgfältig trocknen: mit Küchentüchern abtupfen, dann z.B. auf dem Räucherrost trocknen lassen.

Es wird so lange Salz eingerührt, bis die Lösung gesättigt ist und sich die ungelösten Salzkristalle am Boden der Wanne absetzen.

Beim nassen Salzen wird eine kräftige Salzlake angesetzt, in der das Fleisch ziehen muss. Damit dies gut gelingt, sollte es nicht zu dick sein. Kräftige Fische werden deshalb vor dem Salzen zerteilt.

Für die Lake eignet sich feines Speisesalz besser als grobes Stein- oder Meersalz, da es sich zügiger auflöst. Und es kostet weniger als Meersalz!

Wir setzen in einer Plastikwanne mit flachem Boden oder in der Badewanne pro Kilogramm Fleisch ca. 1,5 l Lake mit Frischwasser an: so lange Salz in das Wasser einrühren, bis die Lösung gesättigt ist und sich die Kristalle am Boden absetzen. Das Ergebnis ist eine starke Salzlake, die nur kurzes Einlegen erfordert.

Bevor wir die Fische einlegen, können wir sie unserem Geschmack entsprechend würzen, indem wir die Gewürze in ihrem Innern verteilen.

Fische mit einem artspezifischen Eigengeschmack wie Forelle, Aal, Äsche, Renke oder Hecht sollten eher sparsam gewürzt werden, um ihr spezielles Aroma zu erhalten.
Geschmacksneutralere Arten wie Weißfische oder Lengfisch dagegen lassen der Phantasie beim Würzen freien Lauf.
Nach dem Würzen die Fische in die Lake legen und je nach Dicke des Fleisches 1 bis 2 Stunden ziehen lassen.

Die Fische sollten nicht zu gedrängt liegen, damit die Salzlösung rundum einwirken kann.

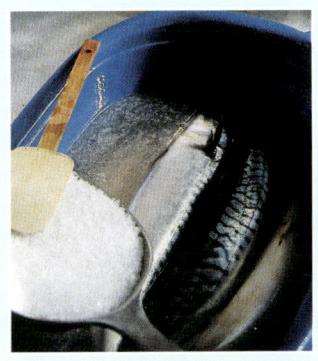

Vorteil des Einlegens in Lake: Die Salzlösung wirkt auf alle Fleischpartien gleichmäßig ein. Auch nach dem Nass-Salzen wird das Fleisch unter laufendem Wasser abgespült, mit Küchentüchern trocken getupft und dann gründlich auf einem Rost oder hängend getrocknet. Wir können ganze Fische auch auf Räucherhaken spießen und am Wäschetrockner aufhängen.
Beim Trocknen sollten die Fische vor Fliegen und anderen Insekten geschützt werden!

Die üblichen Räucheröfen sind das flache Tischgerät (Mitte) für kleine Mengen, der Räucherkasten mit Innenthermometer für die richtige Räuchertemperatur und die höhenverstellbare Räuchertonne.

Wichtig ist die sichere und für den Einsatz geeignete Aufstellung der Geräte: Tischgeräte auf keinen Fall auf einer entflammbaren Unterlage abstellen, da sich gerade nach unten hin starke Hitze entwickelt!

Und das Gerät muss windgeschützt stehen, damit die Flamme den Ofen erhitzt, ohne seitlich weggedrückt zu werden. Große Tonnen und Kästen sollten deshalb in einer windgeschützten Ecke im Garten aufgestellt werden, damit die Flamme nicht beeinflusst wird. Und um jede Brandgefahr auszuschließen, sollte die Umgebung des Ofens feuerfest sein. Als Standplatz wäre also ein Untergrund aus Sand oder Stein ideal.

Es empfiehlt sich, neue Öfen zunächst einmal leer durchzuräuchern, um Produktionsrückstände zu verbrennen.

Einfache Tonnen haben oft keinen Zwischenboden für das Räuchermehl. Um das Problem zu lösen, kann man grobe, leicht feuchte Hackspäne direkt auf die Glut legen, da sie nicht so leicht entflammen.

Die zahlreichen Modelle des Marktes unterscheiden sich im

Räucherschlinge aus Paketschnur

Räucherverfahren und in der Bedienung voneinander. Meist klärt die Bedienungsanleitung ausreichend auf. Falls nicht, wird der Händler, der seine Geräte sehr gut kennen dürfte, die richtigen Tipps liefern.

Ganze Aale lassen sich besser mit Schlingen aus Paketschnur aufhängen statt mit Haken: Sie hängen sicherer, ohne auszureißen, und die Haut, die vor Austrocknung schützt, wird nicht durchstoßen. Filetscheiben werden generell mit der Hautseite auf den Rost gelegt – ebenfalls, um sie vor Austrocknung zu schützen.

Das Räuchern muss die ganze Zeit überwacht werden: Es darf keine offene Flamme an das Fleisch gelangen. Schlagen die Flammen zu hoch, muss mit etwas Glut abgedeckt oder mit etwas Wasser gezielt abgelöscht werden. Eine Blumensprühflasche ist dafür ideal.

Tischgerät, Räuchermehl, Brennpaste, Spiritus und Streichhölzer

Tischgeräte sind für den kleinen Haushalt äußerst praktisch und liefern ein überzeugendes Ergebnis.

Ihr großer Vorteil: Sie lassen sich auf der Reise problemlos mitnehmen und sind vor Ort schnell einsatzbereit. Und wer keinen Garten hat, kann sie auch ohne Gefahr auf dem Balkon benutzen.

Sie nehmen kleine Fische bzw. eine begrenzte Anzahl Fischstücke auf und sollten nicht überfüllt werden: Je voller sie sind, desto schlechter das Ergebnis! Der Rauch muss zirkulieren können. Und eine große Menge Fisch senkt die Temperatur der kleinen Öfen allzu stark ab.

Nach dem Zusammenbau mit Hilfe der Bedienungsanleitung wird die Brennschale mit Spiritus gefüllt. Bei beschränktem Platz in der Umgebung des Ofens ist die Verwendung von Brennpaste oder Trockenspiritus zu empfehlen, da der flüssige Brennspiritus über das Gerät schwappen und einen Brand entfachen kann!

Auf dem Blechboden werden vier bis fünf Esslöffel Räuchermehl gleichmäßig verteilt. Darüber wird die mitgelieferte Abtropfschale gelegt, damit kein Fett in das Mehl tropft. Darüber der Rost, auf dem der Fisch liegend geräuchert wird. Jetzt wird das vorbehandelte

In handliche Stücke zerteilt ein klassischer Fall für das Tischgerät

Fleisch aufgelegt: kleinere Fische im Ganzen, größere ohne Kopf und die ganz Großen kotelettiert oder filetiert.

Deckel schließen. Nun den Brennstoff anzünden – der Räucherspaß beginnt!

Zu Beginn Deckel oder Wrasenschieber öffnen, damit Wasserdampf entweichen kann.

Ist der Brenner ausgebrannt und von selbst verlöscht, ist das Räuchern beendet – der Fisch ist gar. Die Brennstoffmenge ist für das Gerät und seine Größe genau berechnet – sehr praktisch!

Und das Fleisch bleibt saftig, weil es schnell räuchert, ohne auszutrocknen!

Bei geschlossenem Deckel das Ganze abkühlen lassen, bis serviert werden kann, wobei das Aroma in der Wartezeit noch intensiver wird.

Nach Gebrauch muss das Gerät von Fett und Russ befreit und gründlich gereinigt werden, damit der leckere Geschmack auch beim nächsten Räuchergang erhalten bleibt.

In den Kästen räuchern selbst größere Fische im Ganzen.

Die großen Räucherkästen besitzen eine eigene Brennkammer, in der sich kleine Holzscheite verfeuern lassen. Hier trägt schon das hitzebildende Brennmaterial zum Aroma der Räucherware bei.

Ihre Vorteile sind, dass sie mehr Räuchergut aufnehmen und auch größere Fische im Ganzen geräuchert werden können: Ganze Fische trocknen in ihrer unversehrten Haut nicht so leicht aus. Und sie können aufgehängt werden, ohne sich gegenseitig zu berühren, wodurch der Rauch gut zirkuliert und das Fleisch gleichmäßig umstreicht.

Sichere Haken zum Aufhängen liefert in großer Auswahl der Handel als Zubehör. Häufig sind sie den mitgelieferten Haken vorzuziehen! Günstig sind Haken mit zwei Dornen, die in die Wirbelsäule der Fische gedrückt werden. Filets und Koteletts lassen sich auf Rosten liegend räuchern.

Ablauf:

Bei offener Luftklappe das Holz entzünden. Es lässt sich auch Grillkohle verwenden, die nach dem Abbrennen noch lange ihre Gluthitze bewahrt – ein Vorteil bei großen Öfen und viel Fisch in der Kammer.

Den Brennstoff nahezu abbrennen lassen bis auf die Glut.

Dann die Fische einhängen oder die Roste mit den Stücken einschieben und 15 bis 45 Minuten bei langsam ausbrennender, niedriger Flamme garen lassen. Dann auf dem Bodenblech der Räucherkammer das Räuchermehl gleichmäßig verteilen und die Luftklappe schließen.

Nun je nach Füllmenge und Stärke des Fleisches für 60 bis 90 Minuten räuchern lassen, während das Mehl langsam verglimmt.

Auch hier bringt die Erfahrung den Erfolg, wenn mit verschiedenen Räuchermehlen experimentiert wird. Sind die Fische gar, lassen wir die Glut ausbrennen und das Fleisch im Ofen abkühlen.

Es gibt sehr komfortable Geräte im Handel, z.B. mit Sichtfenster, um den Räucherzustand zu kontrollieren und mit Thermometer, um die Temperatur in der Räucherkammer abzulesen. Andere Geräte bieten als Zubehör einen Aufsatz, um die Räucherkammer zu verlängern und auch größere Fische und Aale im Ganzen räuchern zu können.

Geräuchert sind die kleinen Küstendorsche eine Delikatesse!

Ideal für die lang gestreckten Aale

Wer sich auf das Räuchern von Aalen spezialisieren will, sollte sich die preiswerten, runden Räuchertonnen anschauen, die sich auf denkbar leichte Weise teleskopieren lassen, um sie der Fischlänge anzupassen.

Für den besten Geschmack ist es vorteilhaft, Aale im Ganzen in ihrer Haut zu räuchern.

Die runden Tonnen sind zwar weniger komfortabel ausge-stattet als die eckigen Kästen, sind dafür aber erheblich preis-günstiger und erfüllen ihren Zweck völlig. Vor dem Kauf sollte man sich bei einem gut sortierten Händler beraten las-sen, denn es gibt eine Reihe unterschiedlicher Geräte, die auch im Durchmesser variie-ren, um unterschiedliche Men-gen Fleisch aufzunehmen. Für den kleinen Haushalt reicht ein schlankes Modell aus.

Das Räuchern wird ebenso durchgeführt wie auf den Sei-ten 30 und 31 beschrieben.

Da in großen Öfen auch grö-ßere Fische im Ganzen geräu-chert werden, ist die sichere Aufhängung besonders wich-tig. Die Fische dürfen nur mit wirklich zuverlässigen Haken aufgehängt werden, die das Gewicht tragen, wenn der Fisch beim Garen weicher wird, da-mit er nicht herunterfällt.

Man sollte beim Räuchern im-

Die runde Tonne ist für solche kapitalen Exemplare wie geschaffen!

mer in Reichweite des Ofens bleiben, um die Prozedur zu überwachen. Da wir in den großen Öfen auch die gröbsten Hackspäne direkt auf die Glut legen dürfen, müssen wir ständig den Abbrand überwachen, damit sich keine Flammen bilden. Die Späne dürfen nur schwelen.

Flammt das Feuer wieder auf, müssen wir zur Stelle sein, um die Flammen zu löschen, indem wir z.B. mit einer kleinen Schöpfkelle Wasser aufgiessen. Nach dem Räuchern die Fische abkühlen lassen und servieren oder in Folie verpackt einfrieren. Tiefgefrorene Räucherfische sind 6 Monate haltbar und schmecken nach dem Auftauen vorzüglich, sollten dann aber innerhalb von zwei Tagen verzehrt werden!

Es ist jedes Mal ein spannender Augenblick, wenn der Ofen geöffnet wird, um die Roste mit dem dampfenden Fisch herauszuheben.

Interessant ist auch der Blick in eine gewerbliche Räucherei. Der berühmte Traditionsbetrieb Rogacki wurde 1928 als Aal- & Fischräucherei in Berlin gegründet und bereitet seine Räucherfische in der Wilmersdorfer Strasse 145 auch heute noch auf traditionelle Art mit Feuer und Rauch zu.

Der Räuchermeister legt einen Stapel großer Holzscheite in den riesigen Altonaer Ofen und entzündet sie bei offener Luftklappe. Die weitläufige Räucherkammer nimmt Dutzende von hängenden Aalen oder anderen Leckerbissen auf, sobald das Holz gut brennt und die Temperatur im Ofen steigt.

Zwei Stunden gart der Fisch über dem offenen Holzfeuer, bis von den Scheiten nur noch Glut übrig ist. Immer wieder wird die Luftklappe geschlossen, wenn die Flammen dem Fleisch zu nahe kommen.

Züngeln sie nur noch zaghaft vor sich hin, wird die Klappe wieder geöffnet, um sie neu zu entfachen.

Über der Glut werden dann die Hackspäne ausgelegt. Sie beginnen zu schwelen und Rauch steigt auf zu dem frisch gegarten Fleisch, um es mit delikatem Aroma zu schwängern.

Und jeder Fisch hat seine Eigenheit – hier macht sich die jahrzehntelange Erfahrung des Meisters bezahlt: Bei den Aalen wartet er, bis sich die Bauchlappen öffnen.

Schnell schließt er dann die Klappe und erstickt die Flammen mit Hackspänen, bis nur noch heller Rauch aufsteigt.

Sorgsam achtet Räuchermeister Thomas darauf, dass keine offenen Flammen entstehen. Züngelt es irgendwo hoch, ist er zur Stelle und löscht mit einer Schöpfkelle voll Wasser und die Rauchschwaden steigen auf.

Gewerblich genutzte Scheite haben etwas andere Dimensionen als in der privaten Räucherei!

Nach 30 Minuten prüft er den gegarten Fisch. Er öffnet die Kammer und ruft seinen Gesellen, um die Roste, in denen die duftenden Aale hängen, herauszuheben und den frisch geräucherten Fisch in die Auslage des Ladens zu tragen.

Die Altonaer Öfen räuchern kalt und heiß, und mächtige Scheite bullern ...

Nichts räuchert besser als ein Altonaer Ofen. Trotzdem werden Altonaer Öfen heute nur noch von wenigen Spezialisten eingesetzt, die einen entsprechend guten Ruf für die Qualität ihrer Räucherware besitzen. Jede Fischart wird individuell nach Erfordernis geräuchert. Der Grund für ihre Seltenheit: Sie fordern hoch qualifiziertes Personal. Die Qualität der Räucherware hängt unmittelbar vom Können und der Erfahrung des Räuchermeisters ab. Er braucht ein ausgereiftes Talent für seine Arbeit, während er am Ofen steht!

Altonaer Öfen sind sehr einfach konstruiert: gemauerte Kammer mit schwerer Eisentür und direkter Holzbefeuerung. Das Besondere ist sein spezielles Räucherklima mit geringer Feuchtigkeit des Rauches und konstanter Temperatur, während sich die überschüssigen Rauchpartikel an den Ziegeln absetzen.

Altonaer Öfen werden für das Heißräuchern und das Kalträuchern eingesetzt.

Beim Heißräuchern verbrennen große Scheite und durch die Hitze gart der Fisch. Der Rauch liefert das Aroma und tötet ganz nebenbei auch noch Keime, macht den Fisch also haltbar.

Vor dem Kalträuchern werden die Fische in Salz gegart. Der Räuchermeister lässt feine Späne bei schwacher Temperatur und geringer Rauchentwicklung langsam schwelen – die Temperatur im Ofen darf 28 Grad nicht übersteigen. Ständig kontrolliert er Druck, Temperatur und Feuchtigkeit.

Der Traditionsbetrieb Krohnen in Berlin-Tempelhof, Ge-

... in ihrem Innern ... und sie warten auf einen Schwung saftiger Forellen!

neral-Pape-Str. 52, seit vier Generationen im Familienbesitz, ist eine typische Großhandelsräucherei, die den Einzelhandel beliefert.

Aber nicht nur das: Auch jeder private Angler darf seinen Fang bringen und professionell im Altonaer Ofen geräuchert wieder abholen!

Beize oder Marinade ist ein mit Zitrone oder Essigessenz gesäuertes Öl, das mit den verschiedensten Kräutern und Zutaten gewürzt wird.

Die Mischung kann je nach persönlichem Geschmack abgewandelt werden.

Der Fisch wird in die Beize eingelegt und zieht darin für zwei Stunden bis zwei Tage.

Nach zwei Stunden in der Beize kann der Fisch im Ofen gebacken, in der Pfanne gebraten oder in Alufolie gegrillt werden.

Nach zwei Tagen in der Beize ist er durchgegart und fertig für den Verzehr und kann, z.B. in dünne Scheiben geschnitten, serviert werden.

Eine Rezept-Variation:

Olivenöl und gepressten Zitronensaft in einer flachen Schale verrühren.

Reichlich frisch geschnittenen Dill, etwas Salbei, eventuell

oben: Für ein gutes Ergebnis kommt es auf die sorgfältige Verarbeitung an! rechts: Garniert wird der Lachs ganz nach Belieben und persönlichem Geschmack.

einige zerstossene Korianderkörner und einen Esslöffel Zucker einrühren.

Sorgfältig entgrätete Filets vom Lachs oder von der Forelle salzen und pfeffern, in die Beize einlegen und im Kühlschrank für zwei Tage kaltstellen und ziehen lassen.

Morgens und abends die Filets in der Beize wenden. Nach zwei Tagen aus der Beize nehmen und das Öl mit Küchentüchern abtupfen.

In dünne Scheiben schneiden und servieren.

Die Plötze ist einer der häufigsten Fische unserer Gewässer. Und die meisten Angler haben beim Plötzenfischen schöne Stunden erlebt. Aber kaum einer von ihnen weiß, dass sie auch eine Delikatesse sein kann!

Eine Gewürzmischung zum Einlegen fertig aus dem Supermarkt besorgen und mit einigen Scheiben Zwiebel, Möhre und Gurke verfeinern. Dann mit Salz und etwas Zucker abschmecken.

Mit 3 %iger Essigessenz ansetzen und aufkochen, dann kaltstellen. Die Essenz muss völlig abkühlen, damit der eingelegte Fisch nicht gart.

Die geschuppten, ausgenommenen und gründlich gesäuberten Plötzen in ein dicht verschließbares Gefäß legen und das Gefäß mit dem Sud auffüllen.

Gut verschließen und einige Tage ziehen lassen.

Kleine Plötzen werden ohne Kopf, ausgenommen und geschuppt, im Ganzen eingelegt. Große Plötzen werden in kleinere Stücke geteilt und in das Gefäß gegeben.

Dorsch, Tang und Meerwasser – und wenn man will, etwas Gemüse.

Eines der einfachsten Rezepte der Fischküche weltweit!

Es stammt aus Norwegen, wo man die einfache und schnelle Küche bevorzugt.

Am Strand einen großen Topf Meerwasser schöpfen und genügend frischen Blasentang einsammeln.

Den Blasentang in das Wasser einlegen und aufkochen lassen. Dann Stücke vom Dorsch einlegen und bei kleiner Flamme köcheln lassen.

Kein Salz, keine Gewürze! Das Salz kommt aus dem Meerwasser, Würze gibt der Tang.

Ist der Fisch gegart, den Teller mit dem Seetang garnieren und die Stücke vom Dorsch darauf servieren.

Der Tang wird nicht gegessen – er dient nur der Dekoration!

Tipp: Wegen ihres festeren Fleisches eignen sich nur Meeresfische zum Kochen. Aber auch die Meeresfische behutsam kochen, damit sie nicht zerfallen!

Die meisten Fische werden für die Küche filetiert oder kotelettiert.

Für die Suppe verwerten wir alle Fischreste, die beim Zerteilen der Fische übrig geblieben sind: Köpfe, Flossen und Rückengräten, die wir etwas großzügiger herausschneiden, so dass noch etwas Fleisch an ihnen haftet.

Alles gründlichst säubern, Blut abwaschen und Kiemen herausschneiden.

In einen Topf geben und mit Wasser auffüllen. Zwiebeln, Wacholderbeeren, Suppengemüse und Lorbeerblätter dazugeben. 2 bis 3 Stunden köcheln lassen und gelegentlich den Schaum abschöpfen.

Durch ein Sieb abgießen und die festen Anteile entfernen. Die Brühe verwenden wir als Fond. Der Fond ist Grundlage für jede Suppe oder Sauce, die wir für unsere Fische bereiten.

Bretonische Suppe:

Wir erhitzen 1 l des Fonds und nehmen ihn dann von der Flamme.

Wir würzen mit 3 gequetschten Knoblauchzehen und einer Mischung aus Kräutern der Provence und schmecken mit Pfeffer und Salz ab.

Dann rühren wir ein Glas trockenen Weisswein und zwei Esslöffel Crème Fraîche mit dem Schneebesen unter.

Wir legen nicht zu dicke Filetstücke vom fangfrischen Fisch in die noch heiße Suppe und lassen das Fleisch ziehen.

Wir dürfen auf keinen Fall die Suppe wieder aufkochen lassen – die restliche Hitze reicht aus, um den Fisch zu garen!

Fond:

Den überschüssigen Fond portionieren wir in Einweckgläsern, deren Größe wir auf unseren Bedarf abstimmen und frieren sie als Vorrat ein.

Den frischen Fang grillen – eine der beliebtesten Arten der Zubereitung!

Alles, was zum Grillen gehört

Vorbereitung:

Fische ausnehmen, schuppen und säubern. Kleinere Arten im Ganzen versorgen, größere Arten ohne Kopf, filetiert oder kotelettiert verarbeiten.

Würzen mit Salz, Knoblauch, Pfeffer und Kräutern, z.B. Dill, Kräuter der Provence, Salbei. Bei ganzen Fischen die Kräuter in die Bauchhöhle geben.

Fische ohne ausgeprägten Eigengeschmack erlauben kräftigeres Würzen. Fische mit arttypischem Aroma sollten vorsichtig gewürzt werden, um ihr Aroma zu bewahren.

Jeder Fisch lässt sich grillen. Fettreiche Arten wie Lachs und Makrele kommen, nur mit Salz und Pfeffer, ohne weitere Zutaten aus.

Magere Arten wie Forelle, Zander, Brassen und Dorsch werden mit Öl und Gewürzen noch schmackhafter.

Sie werden vor dem Grillen innen und außen (Filets beidseitig) mit Öl eingepinselt.

Grill:

In einer windgeschützten Ecke den Grill so aufstellen, dass keine Nachbarn vom Rauch gestört werden.

Zum Entzünden sind Hilfen wie Trockenspiritus zu empfehlen. Keine flüssigen Brennstoffe einsetzen wegen der Explosions- und Brandgefahr!

Kohle:

Grillkohle in einem Haufen

aufschütten und entzünden. Eventuell mit einer Zeitung vor der Flamme wedeln, um mit der Luftzufuhr das Feuer stärker zu entfachen.

So weit herunter brennen lassen, bis die Kohle glüht und eine weiße Ascheschicht entsteht. Nun die Kohlen auseinander ziehen und flach ohne Zwischenräume verteilen. Grillgut auflegen.

Grillen:

Fische nicht direkt auf den Grillrost legen. Entweder einen klappbaren Fischgriller benutzen, der vorher mit einem Pinsel gut eingefettet wird, oder jeden Fisch einzeln in Alufolie einwickeln.

Alufolie empfiehlt sich, wenn ganze Fische gefüllt werden, z.B. mit Kräutern, Käse und Speck. Wenn das Fleisch durch und durch weiß geworden ist und seine Glasigkeit verloren hat, ist es gar. Nur noch salzen.

Tipp:

Grillen kann sehr einfach sein: An den deutschen Küsten ist es jährlich in der Makrelensaison sehr beliebt, die Makrelen im Ganzen nur gesalzen und gepfeffert auf den Grill zu legen!

Grillen gehört zu den einfachsten Arten, den Fisch zuzubereiten!

Den Zander für den Grill vorzubereiten, ist eine Sache von wenigen Minuten. Am längsten dauert noch das Herunterbrennen der Kohlen!

Der gespickte Zander wird im Ganzen gegrillt. Er ist für den Fischgriller geeignet, wenn er von ihm zusammengehalten wird und er groß genug ist, um ihn gut auszufüllen.

Den Grillkorb gut mit Speiseöl fetten, damit das Fleisch nicht anklebt und beim Öffnen nicht ausreißt.

Den gesäuberten Zander gut pfeffern und salzen.

Dann von außen beidseitig mehrfach tief einschneiden.

In die Einschnitte Knoblauch, Scheiben von Tomate und Zitrone stecken.

Die Bauchhöhle mit geriebenem Hartkäse und Speckwürfeln und für ein kräftiges Aroma z.B. mit Tannennadeln füllen.

In den Fischgriller legen und auf dem Grill garen lassen.

Eine schöne Bereicherung für unseren Tisch aus dem warmen Süden!

Einfaches und schnell zubereitetes Gericht für den Fischgriller, wie es an der Mittelmeerküste beliebt ist!

Eine gesäuberte, ganze Makrele mit gehacktem Knoblauch und mit Kräutern füllen: Kräuter der Provence oder eine eigene Mischung aus Oregano, Thymian, Salbei, Basilikum und Rosmarin. Salzen und pfeffern. Im Fischgriller bei mittlerer Hitze garen.

Servieren mit einer großen Portion Tomatensalat, frischem Baguette und Landrotwein.

Am besten kauft man Makrelen fangfrisch direkt vom Kutter ...

Diese Zubereitung grillen wir in Alufolie im eigenen Saft. Einen nicht zu großen Hecht im Ganzen innen und außen mit Salz und Pfeffer einreiben und mit etwas gepresstem Zitronensaft beträufeln.

Die Füllung vorbereiten: Reichlich Champignons, Tomate und etwas Zwiebel in Scheiben schneiden, rote oder gelbe Paprikaschoten in Streifen schneiden. Einige Lorbeerblätter dazulegen.

Die Gemüsefüllung leicht salzen und in den Hecht einlegen. Von außen reichlich geschnittene Petersilie über den Hecht streuen.

Den Fisch mit der Füllung fest in Alufolie wickeln und auf dem Grill je nach Größe des Fisches mindestens 15 Minuten garen.

Zwischendurch wenden.

Frisches Baguette grillen und, mit Kräuterbutter bestrichen, zum Fisch servieren.

Dünne Filetstreifen vom Leng salzen und pfeffern und mit Senf bestreichen.

Fein gehackte Zwiebeln und Speck auflegen.

Filets aufrollen und mit Holzzahnstochern sichern, damit sie nicht aufrollen.

Eine große Deckelpfanne mit Butterschmalz bestreichen und erhitzen. Die Filetröllchen auflegen und dünsten.

Servieren mit Bratkartoffeln und einem Weizenbier oder kräftigem Weißwein.

Der Lengfisch hat ein schönes, festes Fleisch, ist aber neutral im Geschmack. Mit diesem Rezept wird er zum echten Leckerbissen!

Viele Angler wissen nicht, wie lecker Brassen schmecken können. Ein Weg, sie in eine Delikatesse zu verwandeln, sind feinste Fisch-Bouletten, zubereitet aus fangfrischen Brassen. Alternativ lassen sich die Fischbällchen aus fast allen anderen Süßwasserfischen herstellen – auch gemischt je nach Fang.

Die Brassen ausnehmen, entschuppen und die Flossen und Mittelgräte entfernen.

Dann den Fisch in kleine Stücke schneiden und im Mixer pürieren.

Fein geschnittene Zwiebeln in der Pfanne leicht andünsten und zum Fisch geben.

Ganze Eier zugeben – 1 Ei auf ca. 200 g Fisch. Geraspelten Parmesankäse, Dill, Petersilie, Estragon, Koriander, Salz und Pfeffer und etwas Zitrone zum pürierten Fisch geben.

Semmelbrösel oder auch Paniermehl nach Bedarf einrühren, bis die Masse ausreichend fest wird.

Gut durchkneten und flache Bouletten mit ca. 5 cm Durchmesser formen und beidseitig in der Pfanne scharf braten.

Variation als Geheimtip für Liebhaber:

Die Bouletten vor dem Braten in ein Blatt Mangold und dann in eine Scheibe Schinken wickeln und mit einem Holzzahnstocher sichern.

In der heißen Pfanne beidseitig je 3 Minuten braten.

Servieren mit Schwarzbrot und Butter. Am besten passt dazu ein Glas gutes Bier.

Es ist erstaunlich, dass der Brassen von manchen Anglern nicht als lohnende Beute akzeptiert wird. Vielleicht liegt es daran, dass er einer der häufigsten Fische unserer Gewässer ist. Und die wenigsten Angler wissen, dass er einer der bestschmeckenden heimischen Fische ist, wenn man das Geheimnis seiner Zubereitung kennt!

Dies lässt sich auch nach einem langen Angeltag noch schnell zubereiten!

Eine Pfannenspezialität aus dem Haus Rogacki, die jeder Angler in wenigen Minuten zu Hause zubereiten kann!

Kaltgepresstes Olivenöl in eine beschichtete Pfanne geben und leicht erhitzen.

Fein gehackten oder geraspelten Knoblauch leicht anbraten und aus der Pfanne nehmen. Pfanne stark erhitzen und Stücke von fangfrischen Fischen nach Belieben bzw. Anglerglück in die Pfanne geben.

Beidseitig kurz, aber stark anbraten. Gemüse wie gehackten Porree, geschnittene Zucchini und blanchierte Broccoli-Röschen (aus dem Tiefkühlangebot der Supermärkte) dazu. Kurz braten lassen und mit etwas Weißwein ablöschen.

Würzen mit viel Curry und grobem Pfeffer aus der Mühle. 5 Minuten schwach köcheln und mit Reis servieren. Dazu einen trockenen Weißwein wie z.B. Silvaner servieren.

Als Anregung eine Kreation, wie sie der professionelle Koch gestaltet!

Ziel dieses kleinen Ratgebers ist es, dem Angler einige ausgewählte Rezepte zu bieten, mit denen er seinen Fang mit einfachsten Mitteln und in kürzester Zeit auf leckere Weise zubereiten kann.

Die Rezepte sind als typische Beispiele so gehalten, dass sie sich beliebig abwandeln lassen, je nach dem Fisch, den der Angler nach Hause bringt, nach den Zutaten, die er gerade in der Küche vorfindet und – natürlich – nach seinem persönlichen Geschmack!

Wenn die Anregungen dazu dienen, sich das unerschöpfliche Gebiet der feinen Koch-

Plattfische setzen der Phantasie des Hobbykochs keine Grenze.

kunst mit Fischen ein Stück weit selbst zu erobern, wäre das bescheidene Anliegen dieses Büchleins erfüllt.

Viel Spaß beim Probieren!

Band 1:　Heimische Süßwasserfische

Alle wichtigen Angelfische unserer Binnengewässer, wo wir sie finden und wertvolle Tipps, wie und womit wir sie fangen.

Band 2:　Heimische Salzwasserfische

Alle wichtigen Angelfische der Nordsee und der Ostsee, wo wir sie finden und wertvolle Tipps, wie und womit wir sie fangen.

Band 3:　Köder und Futter

Alle wichtigen Naturköder und Kunstköder für Süßwasserfische und Meeresfische.

Band 4:　Knoten, Schnur und Vorfach

Alles über Angelschnüre, die speziellen Vorfachschnüre und alle wichtigen Angelknoten mit Bindeanleitung.

Band 5:　Posen und Schrot

Alles über Posenmontagen: Die einzelnen Posenmodelle, wie wir sie bebleien und wo wir sie einsetzen.

Band 6:　Bodenblei und Feeder

Alles über Montagen für die Grundrute und das wichtigste Zubehör.

Band 7:　Räuchern, Kochen und Braten

Alles über die schnelle Fischküche für den Angler: Mit einfachen Mitteln räuchern, beizen, kochen, braten und grillen.

Band 8:   Erfolgreich auf Friedfisch

Alles über erfolgreiches Angeln auf Friedfische: Taktiken, Montagen, Köder und Geräte.

Band 9:   Erfolgreich auf Raubfisch

Alles über erfolgreiches Angeln auf Raubfische mit Kunstködern und Naturködern.

Band 10:   Erfolgreich auf Meeresfische

Alles über erfolgreiches Angeln auf Meeresfische vom Ufer und vom Boot.

Band 11:   Erfolgreich auf Karpfen

Alles über erfolgreiches Angeln auf Karpfen: Taktiken, Montagen, Köder und Geräte.

Band 12:   Erfolgreich auf Forelle

Alles über erfolgreiches Fischen an Forellenteichen und mit der Fliegenrute an natürlichen Gewässern.